Claire Sejournet
Illustrations d'Emmanuelle Teyras

S'HABILLER MIEUX EN ACHETANT MOINS

JE PASSE À L'ACTE

ACTES SUD

Vous trouverez plus d'informations sur les notions marquées d'un astérisque dans la rubrique "Pour en savoir plus", p. 60.

Collection dirigée par Françoise Vernet.
Ouvrage réalisé en collaboration avec Fabienne Hélou.

Conception graphique : Anne-Laure Exbrayat, studio graphique d'Actes Sud.
Mise en page : Anne Ambellan

ISBN : 978-2-330-17068-4
www.actes-sud.fr

Par une multitude de petites (r)évolutions dans notre quotidien, chacun de nous a le pouvoir de construire le monde de demain. Un monde écologiquement et socialement responsable, équitable, respectueux du Vivant et en symbiose avec lui.

Face à l'urgence de cette profonde transition, nous sommes nombreux à vouloir faire notre part, à notre façon, avec nos aspirations et talents multiples, en nous faisant davantage confiance tout en restant reliés aux autres.
L'envie est là, le sentiment qu'il n'y a plus de temps à perdre aussi. Oui, mais comment faire ?

C'est pour répondre à cette demande d'outils inspirants et pratiques, pour oser passer à l'acte qu'est née cette collection. Elle s'adresse à tous : débutants ou initiés, hésitants ou convaincus. Elle aborde tous les domaines d'action possibles avec un objectif : vivre ce désir de changement, l'étayer et l'aider à aboutir. Tant sur le plan individuel que collectif.

En six étapes progressives, les titres “Je passe à l'acte” vous accompagnent vers une présence au monde plus significative et vous guident tout au long de votre propre (r)évolution.

SOMMAIRE

6 POURQUOI

16 S'ENTOURER

22 S'ÉQUIPER

32 SE LANCER

42 TENIR BON

52 ET APRÈS

60 POUR EN SAVOIR PLUS

POURQUOI

On a souvent l'impression que la vie d'un jean commence le jour où on l'achète. Pourtant, il a déjà bien vécu avant de couvrir notre postérieur... Souvent, il a même plus voyagé que nous. Symbole de la mondialisation par excellence, le jean fait environ une fois et demie le tour de la Terre avant d'atterrir dans notre armoire. En prendre conscience, c'est ouvrir les yeux sur la réalité de la mode au XXIe siècle : une industrie mondialisée et polluante, dont on ne sait pourtant plus se passer. Une industrie profondément bouleversée dans les années 1990, non parce que vestes à épaulettes et vêtements fluorescents ont repoussé au-delà de l'imaginable les frontières de l'acceptable, mais parce que c'est durant cette décennie que s'est construit le modèle qui prévaut encore aujourd'hui : celui de la *fast fashion*.

La *fast fashion** repose sur un principe simple : proposer aux consommateurs des vêtements à la mode et à petits prix, en renouvelant très régulièrement les collections pour pousser à la consommation. Dans cette logique, il faut produire toujours plus, plus vite et moins cher. Ce qui n'est pas sans conséquences au niveau social, environnemental, sanitaire et même psychologique.

Depuis 2013, impossible de faire comme si l'on ne connaissait pas ces répercussions. En avril de cette année-là, Dacca, la capitale du Bangladesh, fait la Une de la presse internationale. Un immeuble de huit étages abritant plusieurs ateliers de confection travaillant pour de grandes marques du textile s'y est effondré, tuant plus de 1 100 personnes et faisant plus de 2 000 blessés. La catastrophe révèle aux yeux des Occidentaux une réalité volontiers cachée : les vêtements qu'ils achètent sans y penser, portent une fois ou deux et abandonnent au fond de leur placard sont produits à l'autre bout du monde par des hommes et des femmes qui travaillent dans des conditions épouvantables, sans que soient respectés ni leurs droits ni un minimum de règles de sécurité, à des cadences infernales et pour des salaires inférieurs au minimum vital.

L'effondrement du Rana Plaza provoque une onde de choc mondiale. Mais très vite, c'est le retour du *business as usual* : à la recherche des prix les plus bas et des délais les plus courts, les marques ne changent pas les processus de fabrication. Elles continuent de sous-traiter la confection de leurs vêtements à des usines implantées dans les pays en développement, où la main-d'œuvre est abondante et bon marché et le cadre réglementaire peu exigeant. Aujourd'hui, les conditions de travail de ces ouvriers du textile sont régulièrement dénoncées par les ONG, tout comme celles des personnes qui cultivent le coton.

En effet, en amont de la confection aussi, la situation est dramatique. La culture du coton, une matière première clé dans le textile, est souvent synonyme de travail forcé, par exemple en Ouzbékistan, où l'État organise la migration de fonctionnaires obligés de participer aux récoltes, et dans la province chinoise du Xinjiang, où les Ouïghours subissent une répression très violente du gouvernement central et sont notamment soumis au travail forcé dans les champs. Avant même d'être récolté, le coton pose problème pour la santé

En 2019, la culture du coton représentait 10,24 % du marché des insecticides vendus dans le monde[1].

humaine et l'environnement. Sa culture nécessite l'utilisation de nombreux engrais et pesticides. Ces produits hautement toxiques, dont certains sont interdits en Europe, sont souvent manipulés sans protections adaptées par les agriculteurs, qui tombent malades dans des régions où l'accès aux soins est difficile. Les enfants subissent les effets de ces contaminations, parfois avant même la naissance, très jeunes parce qu'ils vivent dans un environnement pollué, ou un peu plus âgés parce qu'ils aident aux champs.

Les ravages de la culture du coton ne s'arrêtent pas à la santé des producteurs et de leurs familles. La monoculture appauvrit les sols et la désertification s'intensifie dans certaines régions. Les sols sont empoisonnés par les produits employés, tout comme la faune, la flore et les cours d'eau, portant les effets dévastateurs de la culture du coton bien en aval des champs. Car l'eau est en soi un problème : les ressources

1. Comité consultatif international du coton, *The ICAC recorder*, vol. XXXIX, n° 2, juin 2021.

DU CHAMP DE COTON À L'ARMOIRE

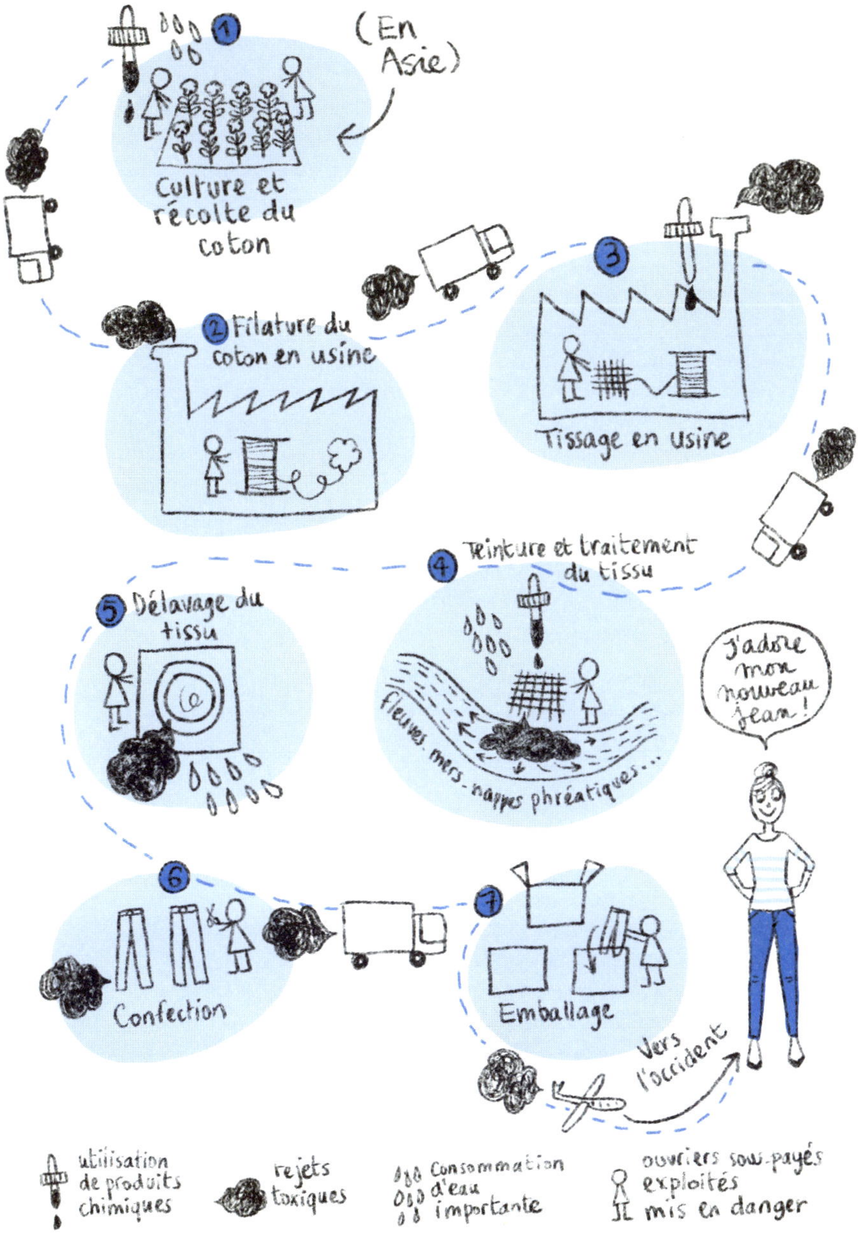

sont limitées et la culture du coton en nécessite beaucoup, ce qui prive les habitants de ce bien vital.

Tout au long de la fabrication des vêtements, les sources de pollution s'accumulent. Parmi les étapes critiques, la teinture. À l'origine naturels, les produits employés sont désormais majoritairement synthétiques, parce qu'ils sont moins chers et offrent beaucoup plus de possibilités. Un progrès ? Pas vraiment, car ils sont toxiques pour l'homme et l'environnement. Certains sont même interdits en Europe, mais restent utilisés par les sous-traitants de l'industrie textile à l'autre bout du monde. Résultat, nos vêtements contiennent des métaux lourds, comme le plomb ou le mercure, du formaldéhyde, des phtalates, du permanganate de potassium… et les rivières aussi : toute la teinture ne s'accroche pas aux vêtements, une partie se mêle aux eaux usées qui sont déversées dans les rivières.

> "Il y a une blague en Chine qui dit que l'on peut prédire la prochaine couleur à la mode en regardant celle des rivières."
> Orsola de Castro,
> cofondatrice du mouvement Fashion Revolution[2]

Là encore, ces produits toxiques sont trop souvent manipulés par les ouvriers sans protections adaptées. Ils n'en portent pas plus lorsqu'ils s'occupent du sablage des jeans, un procédé qui leur donne un aspect vieilli très tendance. La technique consiste à pulvériser du sable à haute pression sur le tissu, ce qui génère de la poussière de silice. Invisible à l'œil nu, elle est inhalée par les ouvriers, qui risquent de développer la silicose, une maladie incurable. Au fond, on peut dire que les différentes techniques d'ennoblissement des vêtements n'ont, malgré leur nom, rien de noble : la plupart nécessitent des moyens polluants et des produits toxiques.

2. Dans le documentaire *River Blue*, de David McIlvride et Roger Williams, 2017.

LA MODE ET LES MATIÈRES D'ORIGINE ANIMALE : RENCONTRE AVEC NATHALIE LEBAS-VAUTIER, FONDATRICE DE *GOOD FABRIC*

Où en est l'industrie de la mode quant à l'utilisation de matières d'origine animale ?
L'attention des consommateurs pour le respect des animaux amène les entreprises à réfléchir à la traçabilité des matières premières qu'elles utilisent. Aujourd'hui, peu sont capables de remonter jusqu'à l'élevage ou la coopérative d'origine, car la filière est très fragmentée. Mais avec l'affichage environnemental[1], cette traçabilité va devenir une obligation légale. Il y a également un volet social dans cette question : plus on remonte la filière, plus les travailleurs sont maltraités. Ils sont sous-payés et travaillent dans des conditions difficiles, qui mettent en danger leur santé. Par exemple, trop souvent, le tannage implique l'utilisation de produits toxiques.

Faut-il arrêter de porter de la laine, du cuir, du cachemire ?
Ce n'est pas parce que c'est la filière animale que c'est mal ! Il existe heureusement des éleveurs qui travaillent bien, dans le respect des animaux et de l'environnement. Chez les éleveurs traditionnels, le troupeau n'est pas un simple capital, il fait partie de la famille. Plusieurs logiques cohabitent : par exemple, en Asie, l'élevage peut être nomade mais composé de centaines de bêtes, ou sédentaire avec un troupeau réduit mais génétiquement modifié ; aucune n'est parfaite, mais il ne faut pas tout rejeter en bloc. Il faut surtout questionner l'ensemble de la chaîne de transformation et les engagements de la marque : y a-t-il une cohérence entre son discours et ses actions ? Est-elle alignée avec nos propres valeurs ?

Quelles sont les pistes pour une production plus responsable ?
Il existe des certifications comme Responsible Wool Standard pour la laine, Global Organic Textile Standard pour le cachemire ou Leather Working Group pour le cuir. Elles ne sont pas suffisantes, mais c'est un premier pas. Par ailleurs, les techniques de recyclage des fibres textiles comme le coton, la laine ou le cachemire se développent rapidement. C'est très encourageant et ça recrée de la valeur sur nos territoires. L'économie circulaire, c'est l'avenir ! Le "cuir végétal" est aussi intéressant, mais le consommateur doit avoir conscience qu'il vieillit différemment du cuir d'origine animale. Et n'oublions pas que ce dernier est déjà un déchet revalorisé puisqu'il provient le plus souvent de l'industrie agroalimentaire.

1. L'affichage environnemental dans le secteur des textiles d'habillement et chaussures est en cours d'expérimentation au moment de la rédaction de ce livre ; il devrait entrer en vigueur en 2023.

LAVER DES VÊTEMENTS EN FIBRES SYNTHÉTIQUES

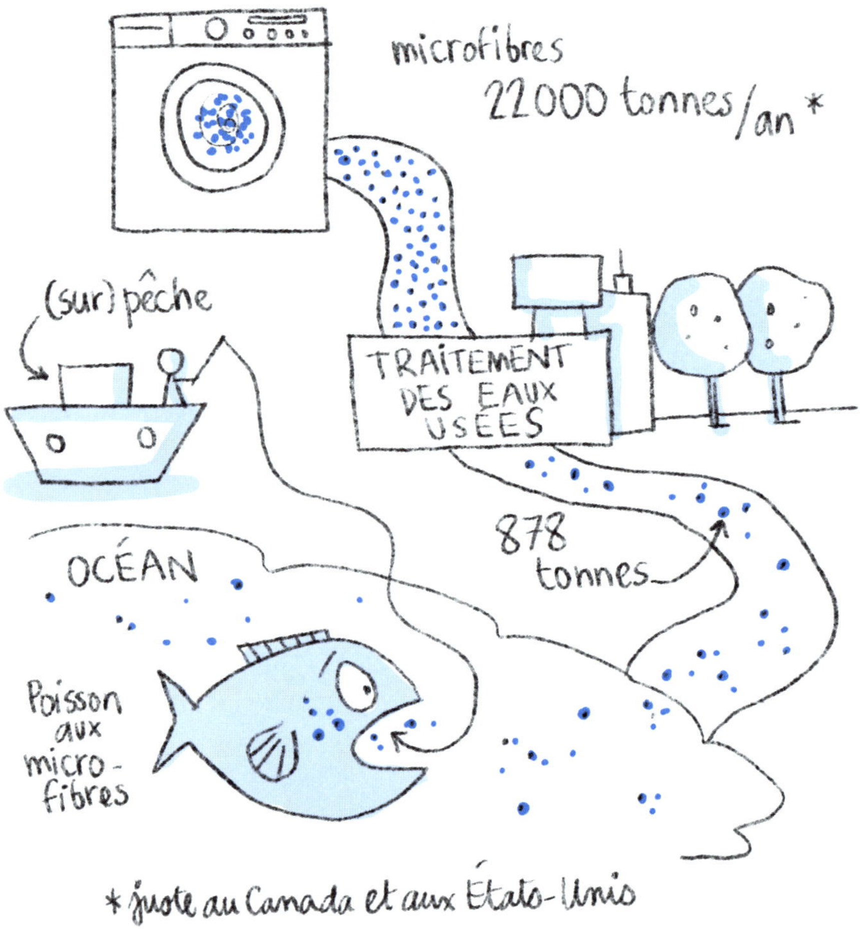

D'après Katerina Vassilenko, Mathew Watkins, Stephen Chastain, Anna Posacka, Peter S. Ross, *Me, my Clothes and the Ocean: The Role of Textiles in Microfiber Pollution*, Ocean Wise Conservation Association, 2019.

En 2013, le chiffre d'affaires de Zara était de 11 milliards d'euros ; en 2019, de 19,5 milliards.

Un vêtement continue de polluer même après avoir quitté le magasin pour rejoindre votre armoire. Acrylique, polyester, élasthanne, polyamide, nylon... Ces mots vous disent quelque chose ? C'est normal. Les fibres synthétiques, dérivées du pétrole, représentent plus de 75 % des fibres utilisées dans l'industrie textile. Difficile de ne pas en trouver dans au moins un de vos vêtements. Or, à chaque lavage, des microfibres s'en détachent.

LES INVENDUS, UNE AUTRE SOURCE DE GASPILLAGE ET DE POLLUTION

Jusque très récemment, les marques de mode ne s'embarrassaient pas des invendus. Elles les détruisaient, tout simplement. Des vêtements jamais portés finissaient ainsi dans un incinérateur. En 2018, la marque Burberry (qui n'est pourtant pas une marque de *fast fashion* !) a été largement critiquée pour avoir brûlé pour plus de 30 millions d'euros de produits neufs, dont 20 millions d'euros de vêtements. En 2017, H&M (pour le coup, un grand nom de la *fast fashion*) s'était retrouvé au cœur d'une polémique similaire, accusé de brûler 12 tonnes de vêtements par an au Danemark depuis 2013.
En France, on estime qu'entre 10 000 et 20 000 tonnes de produits textiles sont détruites chaque année[1]. Ils sont soit incinérés, soit jetés à la décharge. Mais ces pratiques sont proscrites depuis l'entrée en vigueur de la loi anti-gaspillage le 1er janvier 2022. Celle-ci interdit la destruction des produits non alimentaires invendus afin de faire émerger des solutions nouvelles de don et de recyclage. Formulons un vœu pieux : et si cela amenait aussi les marques à repenser leurs rythmes et leurs volumes de production ?

1. Chiffres : ministère de la Transition écologique, ecologie.gouv.fr/loi-anti-gaspillage.

Le système actuel de la *fast fashion* a dynamité le rythme des deux collections annuelles, "printemps-été" d'un côté et "automne-hiver" de l'autre, au profit d'un turn-over continu. Certaines marques comme Zara ou H&M proposent presque chaque semaine de nouveaux modèles. L'objectif ? Que le consommateur revienne régulièrement en boutique pour découvrir les nouveautés… et les achète, car il est impossible de savoir combien de temps elles seront disponibles. Et ça fonctionne !

En moyenne, un consommateur achète 60 % de vêtements de plus qu'il y a quinze ans et les garde deux fois moins longtemps. Le prêt-à-porter est devenu du prêt-à-jeter. De quoi poser un nouveau défi écologique : que faire des vêtements dont on ne veut plus ? Aujourd'hui, 80 % des vêtements qu'on ne porte plus sont jetés à la poubelle, ce qui génère encore une source de pollution.

Il y a donc urgence à repenser toute l'industrie de la mode, pour des raisons éthiques, sociales, économiques et écologiques. Mais pas seulement. Dans nos sociétés occidentales, la consommation a pris une place démesurée et, au lieu de participer à notre bonheur, elle mine notre bien-être.
En effet, dès lors que nos besoins de base sont couverts, avoir pour objectif d'accumuler les biens matériels se révèle plutôt néfaste pour notre santé mentale. Plusieurs études montrent que plus le degré de matérialisme est élevé, plus le niveau d'anxiété, le sentiment d'insatisfaction, la faible estime de soi et les symptômes dépressifs le sont aussi. Se réfugier dans le shopping pour apaiser son mal-être n'est donc pas la solution…

Une fois que l'on a dit tout ça, que fait-on ? Le prêt-à-porter aurait pu être un progrès social, en permettant au plus grand nombre de s'habiller décemment et de façon abordable, et en donnant du travail à des hommes et des femmes à travers le monde. Mais quelque chose a déraillé. Le prêt-à-porter a laissé place à la *fast fashion*, qui se révèle être un cauchemar à l'échelle de la planète.

Pourtant, une autre mode est possible. Elle émerge déjà. C'est la *slow fashion*, la mode éthique, la mode responsable, la mode durable. Elle a plusieurs noms et plusieurs visages, mais une seule ambition : changer les règles du jeu dans l'industrie de la mode. Et tout le monde peut s'impliquer.

Du côté des entrepreneurs, il s'agit de produire au plus proche des consommateurs ou de protéger réellement les droits et la santé des travailleurs et de leurs familles dans les pays où sont produits les vêtements, de remonter la filière textile pour s'assurer de l'origine des matières premières ou de recréer des filières locales, de préserver l'environnement en refusant les produits toxiques et en limitant les déchets, de protéger les animaux en refusant l'utilisation de matières premières non véganes ou en s'assurant de leur bien-être, de travailler dans une logique d'économie circulaire ou de promouvoir une mode inclusive...

Du côté des consommateurs, c'est refuser la logique du toujours plus et celle du prêt-à-jeter, c'est trouver des alternatives pour faire durer ses vêtements plus longtemps, limiter ses achats ou carrément sortir de la logique consumériste. Sur ce point, tous les acteurs engagés se retrouvent : face au rouleau compresseur de la *fast fashion*, l'urgence numéro 1, c'est de moins consommer.

Le mot d'ordre de la mode éthique, c'est "consommer moins, mais mieux".

S'ENTOURER

C'est un trait commun à toute l'humanité : où que l'on vive sur Terre et quelle que soit l'époque, les humains s'habillent. Impossible de faire comme si les vêtements n'existaient pas ou que l'on pouvait faire sans. Vivre en société, c'est vivre habillé. Avez-vous réalisé combien nos vêtements parlent de nous, voire pour nous ? Consciemment ou non, nous envoyons des messages à travers la manière dont nous nous habillons, et nous jugeons les autres sur leur apparence. Autant saisir la chance que cela représente d'affirmer nos valeurs.

On ne sait rien de la mode à l'époque de l'homme de Neandertal. Aucun vêtement ne nous est parvenu : 100 % naturels, ils se sont décomposés bien avant que le concept même de mode émerge. On sait en revanche avec certitude que nos ancêtres s'habillaient et qu'ils ne se contentaient pas de peaux de bêtes jetées sur leurs épaules. Des archéologues ont en effet découvert dans une grotte au Maroc des outils vieux de 120 000 ans, destinés à travailler les peaux de bêtes afin de les transformer en cuir et en fourrure[1].

1. Will Dunham, "Moroccan cave yields oldest clues about advent of human clothing", Reuters, septembre 2021.

On peut donc dire que l'être humain s'habille depuis la nuit des temps. À l'origine, on suppose qu'il s'agissait avant tout de se couvrir pour se protéger des éléments (la pluie, le froid, le soleil...) et des agressions de la nature (griffures et piqûres d'insectes ou de plantes, par exemple). Mais l'aspect pratique a fini par être dépassé par d'autres questions, parmi lesquelles la pudeur n'est pas des moindres. Jusqu'à l'âge de 4 ou 5 ans, un enfant n'a aucun problème à courir les fesses à l'air dans la maison à l'heure du bain ou l'après-midi sur une plage bondée. Par la suite, il développe une conscience de lui-même et intègre les règles sociales qui valorisent la pudeur. Il apprend à son tour à préserver son intimité. Et pour cela, le premier réflexe, c'est de se parer d'un bout de tissu.

Mais si les vêtements ont pris tant de place dans notre quotidien, c'est aussi parce qu'ils sont, depuis quelques siècles déjà, un élément clé du paraître et des jeux de pouvoir. Une personne peut "en imposer" par sa tenue vestimentaire. Même sans chercher le pouvoir, nous avons tous conscience que certains vêtements nous valorisent plus que d'autres. Les porter nous donne confiance en nous et nous aide à nous affirmer. En certaines occasions, comme un entretien d'embauche, le choix de la bonne tenue est stratégique.

Dès notre plus jeune âge, nous assimilons les codes vestimentaires de notre milieu, à travers les règles que nous transmettent nos parents. À l'adolescence, on s'en détache, voire on s'y oppose, pour adopter son propre style. Mais quel que soit notre âge, l'objectif étant de s'intégrer à un groupe, amical ou professionnel, celui-ci influence nos choix. Le rapport aux vêtements est aussi social que culturel. Il existe ainsi des conventions sociales comme, en Occident, la robe blanche de la mariée ou les vêtements de couleur noire pour porter le deuil. Si ces règles tacites nous donnent un cadre pour éviter les faux pas en société, elles étouffent parfois notre personnalité et peuvent être perçues comme un carcan. Pour certains, les connaître et s'en détourner est un petit acte de rébellion libérateur...

"La culture occidentale est achromatique, et même chromophobe : nous avons peur des couleurs et nous nous moquons des personnes qui osent en porter."
Loren Fascianel, coach en image de soi

Si le proverbe dit que l'habit ne fait pas le moine, la réalité offre de nombreux contre-exemples. Dans le cas des personnes qui portent des tenues particulières pour le travail, comme l'avocat en robe pour plaider ou le gendarme en uniforme qui contrôle les papiers du véhicule, on peut le dire : l'habit fait le moine ! Ces "tenues de travail" ont l'avantage de parler à tout le monde : on comprend, rien qu'en les voyant, la fonction de la personne. Elles sont aussi un symbole fort pour qui les porte. L'uniforme ou la tenue renforce le sentiment d'appartenance du professionnel à son corps de métier et peut l'aider à se rappeler les droits et devoirs associés à la charge qu'il revêt.

LA BONNE TENUE, ÇA PEUT TOUT CHANGER !

Tout le monde ne peut pas s'offrir un costume ou un tailleur pour passer un entretien d'embauche. Pourtant, c'est un moment où l'apparence peut faire pencher la balance du bon côté. Fondée en 2012, La Cravate solidaire[1] est une association qui accompagne des personnes en recherche d'emploi en les aidant à se constituer, avec l'aide d'experts en image, une tenue adaptée à ce rendez-vous crucial. Elle leur propose également des conseils pour se préparer à l'entretien, allant jusqu'à faire des mises en situation entre le candidat et un bénévole spécialiste des ressources humaines.
En 2021, l'association était présente dans 12 villes de France et avait accompagné plus de 6 000 candidats. Vous pouvez la soutenir en devenant bénévole ou en lui donnant des vêtements (costume, tailleur, chemise, chemisier, cravate...) en bon état.

1. Plus d'infos sur lacravatesolidaire.org.

Parler “fringues” avec ses amis est assez courant, mais il est plus souvent question de la dernière bonne affaire réalisée que des conditions de travail des ouvriers bangladais. Pas évident de faire évoluer la discussion sur ce thème. À moins d’avoir un peu potassé le sujet en amont. On trouve en librairie de nombreux ouvrages* sur la consommation éthique en général et la mode responsable en particulier.

AVOIR DU STYLE, C’EST PARLER DE SOI RENCONTRE AVEC LOREN FASCIANEL[1]

“Les vêtements expriment qui nous sommes. Ce que l’on porte, c’est la continuité de soi. Dès lors, on ne peut pas dire que l’on n’a pas de style, cela reviendrait à dire que l’on n’a pas de personnalité ! Nous avons tous un style, ancré dans le prolongement de notre identité. Cependant, beaucoup ne l’ont ni conscientisé ni révélé.
Le style est un axe de connaissance de soi. Il se développe et s’affirme. Malheureusement, nous avons tendance à vouloir suivre la mode, à ressembler à d’autres et donc à nous déconnecter de nous-même. Bien sûr, le vêtement a toujours été une marque d’appartenance : on s’habille pour faire partie d’un clan. Mais on exprime avant tout notre personnalité et les codes du groupe ou de la société ne devraient pas l’effacer. Aujourd’hui, l’offre de mode surabondante, changeante et multiple participe à nous déconnecter de notre être profond, tout comme les diktats et les pseudo-règles que l’on peut lire dans les magazines ou sur les blogs. On voit des règles pour tout : quelles pièces avoir dans son dressing, quelles couleurs associer, quels vêtements porter selon sa morphologie ou son cadre de travail... La pression sociale est forte et nous formate, on en oublie de s’intéresser au fond du sujet : dans quels vêtements nous sentons-nous nous-même, nous sentons-nous bien, vibrons-nous ? Il ne s’agit pas d’être original à tout prix, mais d’être en accord avec ce que l’on porte.
La mode responsable, c’est d’abord une mode consciente. Elle suppose de réfléchir à qui l’on est et de comprendre quels vêtements nous vont bien. Cela ne sert à rien d’acheter des fringues éthiques si c’est pour ne pas les porter ou ne pas s’y sentir à l’aise ! Lorsqu’on sait ce qui nous correspond vraiment, on devient plus exigeant dans nos achats, on consomme moins et on garde nos vêtements plus longtemps.”

1. Pour en savoir plus : soyonselegantes.com.

Seul ou avec vos amis, troquez à l'occasion une soirée "série et pop-corn" contre le visionnage d'un documentaire sur les dégâts provoqués par la *fast fashion*. Dit ainsi, cela peut sembler carrément rébarbatif, mais essayez : vous ne serez pas déçu et vous aurez de quoi discuter pendant des heures sur le côté obscur de la mode.

Si vous préférez interagir en ligne, c'est évidemment possible. Le monde de la mode éthique est très dynamique sur les réseaux sociaux*. Vous pouvez également vous abonner à des blogs* ou des médias* qui se consacrent à cette question. De même, les collectifs* et associations militantes* sont présentes sur la Toile et sont des sources précieuses d'information. S'en rapprocher vous permet aussi de rencontrer d'autres personnes sensibles au sujet de la mode éthique, des droits des travailleurs, de la protection des animaux et de l'environnement.

S'ÉQUIPER

Choisir un vêtement plus éthique, c'est un peu la quadrature du cercle. Il faut trouver quelque chose qui nous plaît, qui nous va, que l'on peut s'offrir et qui est produit sans nuire aux hommes et à la planète. Sacré défi ! Mais qui a dit qu'il ne fallait pas essayer ? S'équiper, quand on veut changer sa manière de s'habiller, c'est d'abord s'informer et apprendre à voir au-delà de la com' et des slogans des marques afin de devenir un consommateur averti.

Les étiquettes sur les vêtements, ça gratte, surtout celles des T-shirts, des chemises et des hauts de pyjamas. Bref, c'est insupportable, et c'est pour ça qu'on s'empresse de les couper de retour à la maison. La prochaine fois, pensez quand même à y jeter un coup d'œil avant de les jeter à la poubelle : elles apportent des informations bien utiles.

La première, qui n'est pas obligatoire mais très courante, c'est le pays où le vêtement a été produit. La Chine est de loin le plus gros fournisseur de vêtements de la France, mais il est aussi courant de voir écrit "Bangladesh", "Inde" ou "Viêtnam". Les pays asiatiques représentent à eux seuls plus de la moitié des importations françaises en habillement. Plus proche de nous se trouvent d'autres fournisseurs importants, comme la Turquie, le Maroc et la Tunisie.

Prendre conscience que là-bas, souvent très loin, une personne a travaillé vraisemblablement dans de mauvaises conditions pour produire le vêtement que vous vous apprêtez à essayer, ce n'est pas grand-chose, mais cela vous rappelle que ce que vous faites ici a un effet à l'autre bout du monde...

En 2019, la Chine représentait plus de 26 % des importations françaises d'habillement en valeur monétaire[1] !

1. Matthieu Guinebault, "Textile-habillement : où se fournit la France ?", fr.fashionnetwork.com, 21 février 2020.

On trouve aussi, sur cette étiquette, la liste des matières qui composent le vêtement. Cela va du 100 % lin bio au 100 % polyester, en passant par toute une gamme de fibres plus ou moins écologiques, recyclables et recyclées, et tous les mélanges de fibres possibles et imaginables. La composition est une mention obligatoire et c'est tant mieux, car les fibres textiles sont un sujet important quand on s'intéresse à la mode éthique : leur impact écologique peut être énorme.

On distingue les fibres d'origine naturelle de celles d'origine synthétique. Dans la première catégorie, on trouve les fibres issues de végétaux, comme le coton, le lin, le bambou ou encore le chanvre, et celles d'origine animale : la laine, le cachemire, le mohair, l'alpaga, la soie... Mais attention, naturel ne veut pas dire écologique !

On l'a vu, la culture du coton peut être une catastrophe écologique, que ce soit en termes de gestion des ressources en eau (on a tous en tête les terribles images de la mer d'Aral) ou de pollution des sols et d'empoisonnement des agriculteurs. De même, les fibres d'origine animale impliquent l'élevage d'animaux, avec tous les enjeux éthiques et écologiques que cela soulève, et leur traitement peut être très toxique. Les fibres textiles d'origine végétale cultivées en bio ou en agriculture raisonnée vont dans le sens d'une mode engagée et responsable. Mais elles représentent encore une part infime du marché.

La France est le premier producteur mondial de lin textile. Mais il faut recréer la filière pour aller de la plante au tissu.

De leur côté, les fibres synthétiques, deuxième grande famille de fibres textiles, sont issues de la pétrochimie. Parmi elles, les plus connues sont le polyester, le nylon, l'acrylique, l'élasthanne et le lycra. À cette liste incomplète, on peut ajouter un drôle d'intrus : la viscose. Elle n'est pas fabriquée à base de pétrole, mais de cellulose de bois. Sauf que celle-ci n'est pas filable, et qu'il faut lui faire subir un processus de transformation chimique très polluant pour la transformer en fibre textile. Elle perd ainsi son caractère naturel et ses atouts écologiques d'origine. La viscose est donc à l'opposé du lyocell, qui provient aussi de la pulpe de bois, mais qui est fabriqué en circuit fermé, sans produits nocifs pour l'environnement, la santé des travailleurs et celle des consommateurs, et qui peut donc être classé parmi les fibres écologiques.

Malgré leur très mauvais bilan écologique, les fibres textiles synthétiques ont le vent en poupe. D'abord parce qu'elles sont bon marché. Or, dans un système qui veut toujours plus pour toujours moins cher, une matière première à bas coût est évidemment bienvenue.

À l'échelle mondiale, 70 % des fibres synthétiques sont produites à base de pétrole[2].

Ensuite, parce qu'elles ont des propriétés très diverses : certaines rendent les vêtements plus élastiques, d'autres plus résistants ou imperméables. Elles ont un rendu mat ou brillant et grâce à elles, le vêtement sèche vite ou se révèle infroissable. Elles peuvent aussi être très absorbantes ou au contraire hydrophobes...

Bref, on peut tout faire avec des fibres synthétiques, et ça plaît autant aux producteurs qu'aux consommateurs non avertis, qui apprécient le confort et la praticité du vêtement sans se douter de l'impact écologique des fibres qui le composent. Tout au plus certains remarquent-ils que leurs vêtements les font transpirer davantage. Ce n'est pas qu'une impression : les fibres synthétiques peuvent être très absorbantes et sécher vite, mais elles ne permettent pas à la peau de respirer. Alors avant de partir à la recherche d'un déodorant “Efficacité 72 heures”, regardez la composition de vos hauts...

2. Ademe, infographie “La mode sans dessus-dessous”, multimedia.ademe.fr, 2021.

"Vêtements, draps... Notre peau est 100 % du temps en contact avec des tissus. Or, elle respire et absorbe les composants de ces tissus, qui ne sont pas forcément bons pour notre santé."
Nathalie Lebas-Vautier, fondatrice de Good Fabric

Autre élément figurant sur les étiquettes : une série de pictogrammes plus ou moins faciles à comprendre. On les regarde rarement, pourtant, ils apportent des informations utiles pour augmenter la durée de vie de nos vêtements (voir p. 52) en nous évitant, par exemple, de faire rétrécir un pull en laine lors d'un lavage en machine ou de brûler un chemisier parce qu'on n'a pas réglé le fer sur la bonne température.

L'étiquette porte aussi mention de la taille, mais celle-ci n'est donnée qu'à titre indicatif. Il n'existe pas de standard strict sur ce sujet, même au niveau national. La preuve, certaines marques l'expriment en chiffres et d'autres en lettres. C'est pourquoi il arrive de changer de taille simplement en changeant de marque. Se focaliser sur une "taille 36" n'a donc pas beaucoup de sens. Et si cela peut vous aider à lâcher prise, mesdames, sachez que la majorité des femmes françaises portent du 40, suivi du 42 et du 44[3] !

À l'étiquette de confection s'ajoute une autre étiquette, à vocation commerciale. La principale information qu'elle fournit est le prix – une mention obligatoire –, mais on peut y lire bien d'autres choses, pour le meilleur et pour le pire. Commençons par le positif...

Tout comme dans le domaine alimentaire ou cosmétique, des labels viennent certifier une démarche engagée pour la protection des droits des salariés, de la planète, des animaux... Les principaux labels

3. Chiffres 2006 de la Fédération française du prêt-à-porter féminin, cités dans "Les nouvelles mensurations des Français sont arrivées", fr.fashionnetwork.com, 2 février 2006.

sont internationaux, ce qui est intéressant pour une industrie aussi mondialisée que la mode. En France, ils sont encore peu connus, mais le fait qu'ils existent est un signal important. L'intérêt des labels indépendants est qu'ils permettent d'aller au-delà des déclarations d'intention d'une marque et l'obligent à se conformer à un cahier des charges qu'elle n'a pas rédigé elle-même. C'est donc la preuve d'une volonté de s'engager.

Toutefois, les labels ne sont pas l'alpha et l'oméga d'une démarche responsable. Une marque peut être totalement sincère dans sa démarche et non labellisée. C'est d'ailleurs le cas de nombreuses marques qui se sont lancées ces dernières années. Fondées par des entrepreneurs qui ont mis l'éthique au cœur de leur projet, elles ont un ADN radicalement opposé à celui des marques de *fast fashion* et ont réfléchi, avant même de se lancer, à l'origine et à la qualité des matières premières, aux conditions de travail des ouvriers, au lieu de production... Elles misent sur la transparence envers le consommateur pour faire comprendre leur philosophie et leurs engagements[4].

Passons maintenant au négatif... Autant vous prévenir tout de suite, les étiquettes sont parfois trompeuses. La *fast fashion* n'hésite pas en effet à jouer avec les codes et à flirter avec le *greenwashing*. De nombreuses marques valorisent leur participation à la Better Cotton Initiative (BCI). Cette initiative prétend améliorer les conditions de production du coton, mais le cahier des charges n'interdit ni l'utilisation de pesticides, ni celle d'engrais chimiques, ni même celle d'OGM. Du côté des droits des travailleurs, il se contente de rappeler le "principe général de travail décent". Après récolte, le coton BCI est mélangé avec le coton conventionnel. Il n'y a donc aucune traçabilité possible, au point que se met en place un système de bilan de masse : si une filature reçoit une tonne de coton BCI, elle peut étiqueter une tonne de fil de coton comme étant BCI, peu importe l'origine réelle de la récolte utilisée pour le produire... Malheureusement, beaucoup de producteurs ont abandonné la culture de coton bio au profit du coton BCI.

4. Deux exemples de marques qui jouent pleinement le jeu de la transparence sur leur site Internet : Veja (veja-store.com) et Loom (loom.fr).

LES PRINCIPAUX LABELS DANS L'INDUSTRIE TEXTILE

GOTS : Le label Global Organic Textile Standard s'appuie sur les critères de l'Organisation internationale du travail pour s'assurer des conditions de travail des ouvriers, vérifie l'impact de la production sur l'environnement (obligation de traiter les eaux usées, interdiction de produits chimiques toxiques, politique de réduction des déchets…) et la santé des ouvriers et des consommateurs, et impose des critères de qualité du produit fini. Il certifie que le vêtement contient au minimum 70 % de fibres biologiques certifiées (95 % lorsqu'il s'agit du label GOTS biologique).

Œko-Tex Standard 100 : Ce label garantit l'absence de substances chimiques nocives ou indésirables lors de la fabrication du textile, ou leur présence en dessous de seuils très stricts fixés dans le cahier des charges. Il certifie ainsi l'innocuité du textile tant pour les ouvriers que les consommateurs, mais aussi pour l'environnement. Il se subdivise en quatre classes : la première concerne les vêtements pour enfants, les trois suivantes classent les textiles selon le degré de contact avec la peau (direct, indirect, lointain ; soit concrètement : un pantalon, un manteau, une nappe).

Fairtrade Max Havelaar : Les grands principes du commerce équitable peuvent aussi s'appliquer à l'industrie textile : une juste rémunération des producteurs, des relations commerciales durables, le respect du droit du travail et des exigences sociales (interdiction du travail des enfants, non-discrimination des ouvriers, égalité salariale…), la protection de l'environnement, le développement raisonné de l'activité économique… En parallèle, les producteurs se réunissent au sein d'une coopérative au fonctionnement démocratique, et une part des financements est réservée à des projets communautaires.

Fair Wear Foundation : Cette fondation milite pour l'amélioration des conditions de travail dans l'industrie textile et travaille avec toutes les parties prenantes pour faire avancer les droits des travailleurs du secteur textile et changer les règles. Ce n'est pas un label, mais pour pouvoir afficher le logo, une entreprise doit montrer les gages de son investissement pour une mode plus éthique.

Il existe de nombreux autres labels sur des aspects très précis, par exemple **Masters of Linen** pour le lin, **Global Recyled Standard** pour les textiles recyclés ou encore **Entreprise du patrimoine vivant** pour les entreprises françaises qui font vivre un savoir-faire particulier. Selon les causes qui vous tiennent à cœur, vous serez plus sensibles à tel ou tel label.

Quand elles ne sont pas trompeuses, les étiquettes sont carrément lacunaires. Dans le monde de la *fast fashion*, les informations sur l'origine d'un vêtement ne sont tout simplement pas accessibles au grand public. La traçabilité est très compliquée, car les intermédiaires sont nombreux et les moyens de contrôle limités. Il est tout aussi difficile de savoir exactement quels traitements ont été appliqués aux différents stades de la confection.

D'autres éléments, plus faciles à percevoir pour le consommateur, relèvent du *greenwashing* : la couleur verte est associée spontanément à la nature, tout comme un design avec des éléments végétaux, et un papier type kraft donne une image plus authentique. Méfiez-vous des textes bourrés de mots-clés écolos et des labels "faits maison"... Le *greenwashing* ne s'arrête pas là : parfois, c'est l'identité de la marque et ses magasins qui regorgent de clins d'œil à la nature, aux végétaux et aux animaux : parfois, c'est la communication qui endort la méfiance des consommateurs avec des promesses sans lien avec le produit vendu ou en ne parlant que de la collection "éthique" alors que c'est une part minime de l'offre. Dans la même veine, les opérations de collecte de vêtements usés pour lesquelles on vous "récompense" avec un bon d'achat sont avant tout une incitation à consommer de la *fast fashion*.

Avoir conscience de tout cela nous aide, en tant que consommateurs avertis, à faire nos choix. Mais même si nos actes d'achat et nos engagements sont un signal envoyé aux multinationales qui dominent le marché de la *fast fashion*, c'est une goutte d'eau dans l'océan. L'industrie de la mode est aujourd'hui peu réglementée. Il est temps qu'elle soit encadrée par les pouvoirs publics : c'est une responsabilité collective, au niveau national, européen et international. Les choses évoluent, mais trop lentement. En France, une loi a été votée en 2017 pour instaurer un devoir de vigilance pour les multinationales françaises ou installées sur le territoire, mais elle a encore peu d'effet.

Autre avancée sur le papier : le 20 janvier 2022, l'Assemblée nationale a adopté une résolution[5] dénonçant les violences perpétrées par les autorités chinoises à l'encontre des Ouïghours, notamment le recours au travail forcé, et les reconnaissant comme constitutives de crimes contre l'humanité et d'un génocide.

5. Proposition de résolution n° 4760, 2 décembre 2021, assemblee-nationale.fr/dyn/15/textes/l15b4760_proposition-resolution.

SE LANCER

Rangez votre carte bleue ! Se lancer, quand on veut essayer de consommer la mode de façon plus responsable, c'est d'abord rester chez soi. C'est que, des vêtements, on en a, et bien plus qu'on ne l'imagine. Alors, sans attendre le prochain printemps, passez en mode "grand ménage". Il sera toujours temps, ensuite, de voir comment procéder et faire des choix durables si vous ne trouvez pas votre bonheur dans vos placards...

Entre les vêtements qu'on porte tous les jours, ceux qu'on a acquis pour une occasion unique, ceux qu'on nous a offerts, ceux qu'on a achetés sur un coup de tête et ceux qu'on ne voit plus tellement ils sont là depuis longtemps, c'est peu dire que ça s'accumule dans nos armoires... Le jour où l'on décide de faire le point, il y a de quoi se décourager avant même d'avoir commencé. L'étape du tri, puisque c'est ce dont on va parler maintenant, est pourtant nécessaire, et même indispensable, car réfléchir à sa consommation de vêtements, c'est aussi être au clair sur ce que l'on a et ce dont on a besoin.

Bien souvent, les vêtements sont répartis dans divers endroits de la maison, ce qui a du sens pour certains (les manteaux dans l'entrée par exemple), mais dilue le sentiment d'abondance. À l'occasion de son Opération "Osez changer", l'Ademe soulignait par exemple que les participantes pensaient avoir en moyenne 19 paires de chaussures quand le chiffre réel était de 37. "Les adultes du foyer ont deux fois plus de chaussures que ce qu'ils imaginaient, et trois fois plus que ce dont ils estiment avoir besoin", souligne l'Agence[1].

Rares sont les personnes qui retrouvent avec plaisir un vêtement qu'elles n'ont pas porté depuis cinq ou dix ans. Si ce n'est pas votre cas, lancez-vous sans tarder dans une séance de tri. Pour qu'elle soit efficace, prévoyez une journée entière, c'est toujours plus long qu'on ne le croit. La méthode est connue : rassembler tous les vêtements au même endroit et faire trois piles : à garder, à donner, je ne sais pas. Sur le papier, c'est simple et radical. Mais la réalité est un peu plus complexe.

1. Ademe, dossier de presse "Opération « Osez changer » : 21 foyers français désencombrent leur logement avec l'Ademe", presse.ademe.fr, février 2022.

Trier implique de dépasser notre aversion à la dépossession. Ce biais cognitif nous amène à donner plus de valeur, pécuniaire ou sentimentale, aux biens que l'on possède. Nous y sommes psychologiquement attachés et avons donc du mal à nous en séparer. Cela s'explique par de multiples raisons : posséder des objets nous valorise ; nous leur attribuons une fonction de réassurance (objet porte-bonheur ou doudou) ; ils nous rappellent de bons souvenirs et s'en séparer reviendrait à effacer ces derniers ; nous les possédons depuis si longtemps que nous estimons qu'ils font partie de nos vies, les donner serait comme se priver d'une partie de soi. Ajoutons à cela que nos habits sont souvent au contact direct de notre peau, sans compter ceux dont on dit carrément qu'ils sont "comme une seconde peau" : le lien devient carrément intime. Vous êtes donc prévenu : trier n'est pas simple.

TRIER SANS CULPABILISER

Un sentiment de culpabilité vous saisit à l'idée de vous séparer de certaines pièces ? Essayez de voir le côté positif du tri : vous allez gagner de la place et du temps, puisque vous ne passerez plus des heures devant votre armoire à hésiter ! D'autant plus s'il s'agit d'un vêtement...

- qu'on vous a offert il y a dix ans, que vous n'aimez pas, et qu'en plus vous avez perdu de vue la personne qui vous l'a offert : s'en séparer est une manière d'aller de l'avant ;
- que vous avez acheté, mais jamais porté (il y a encore l'étiquette !) ou très peu, il est forcément dans un état impeccable : revendez-le ou apportez-le à une association ;
- que vous voulez garder "au cas où" : dites-vous que c'est une mauvaise raison. Le jour où vous pourriez en avoir besoin, il y a de fortes chances que vous n'y pensiez pas, car il ne fait pas partie de vos tenues quotidiennes.

Si vraiment vous ne voulez pas vous séparer d'une pièce qui compte beaucoup pour vous, comme un foulard ayant appartenu à votre grand-mère, glissez-la dans une "valise à trésors", accompagnée, pourquoi pas, d'un petit mot rappelant pourquoi vous y tenez.

à donner
à recycler
à garder

UN BON BASIQUE (QUI ME RESSEMBLE)

Trier dans l'objectif de réduire la quantité de vêtements possédés n'aura pas la même pertinence pour tous. Certaines personnes portent des vêtements très différents selon qu'elles sont dans un cadre professionnel ou privé. D'autres ont des garde-robes plus mixtes, voire une seule garde-robe, que ce soit pour le travail ou les vacances. Il est donc vain de chercher à fixer un nombre de vêtements maximum à posséder. Le minimalisme n'est d'ailleurs pas l'objectif de l'opération : il s'agit surtout de construire un dressing fonctionnel et adapté à ses besoins.

"Il n'y a pas de garde-robe idéale à adopter, elle devrait naturellement être aussi unique que vous."
Loren Fascianel, coach en image de soi

La majorité des vêtements que l'on possède ne sont que rarement portés[2] et l'on porte très souvent les mêmes, non seulement parce que ce sont ceux qui se retrouvent par la force des choses en haut de la pile, mais aussi parce que ce sont ceux que l'on aime, dans lesquels on se sent bien, qui nous vont bien et qui sont adaptés à notre mode de vie. Ces critères sont la clé d'une garde-robe qui nous correspond, ayez-les en tête quand vous triez.

La base d'une garde-robe bien construite, ce sont les "basiques". Ces vêtements, que certains appellent "indémodables" et d'autres "passe-partout", sont surtout des pièces sur lesquelles vous pouvez compter en presque toute circonstance. Comme tous les goûts sont dans la nature, considérer le "jean droit/T-shirt blanc/blazer" comme le trio indispensable est une erreur. Peut-être que vos basiques, ce sont des robes à motifs ou des pantalons à pinces. L'essentiel, c'est que vous les appréciez et qu'ils signent votre style.

2. Emma Donada, "Est-il vrai qu'un vêtement n'est porté en moyenne que « de sept fois à dix fois » avant d'être jeté ?", *Libération*, 22 novembre 2021.

Fiez-vous surtout à votre instinct (qu'est-ce que vous aimez vraiment porter ?) et au constat de la fin de votre tri (qu'est-ce qui en ressort en termes de style et genre de vêtements ?). De même, vous savez quelles sont vos couleurs dominantes, celles que vous portez volontiers. Il reste alors à voir comment vos vêtements basiques et vos couleurs préférées s'accordent et vous obtenez de fil en aiguille une garde-robe qui vous correspond vraiment, composée de pièces qu'il est facile d'assortir et qui s'adaptent aux principales situations que vous pouvez vivre.

Tout cela peut sembler bien loin des préoccupations éthiques. Pourtant, connaître ses goûts, ses besoins et ses usages est indispensable pour consommer différemment. Si vous savez ce que vous avez dans votre dressing, ce qui vous va et ce que vous aimez porter, vous saurez mieux juger s'il est pertinent d'acheter ce haut fuchsia à strass ou cette chemise hawaïenne : possédez-vous déjà des vêtements avec lesquels ils s'accorderaient et aurez-vous vraiment des occasions de les porter ?

Une fois le tri fait, on peut tenir un moment sans acheter de nouveaux vêtements. Mais le jour arrive où l'on a besoin de changer certaines pièces de sa garde-robe ou envie d'en faire entrer une nouvelle. S'habiller de façon responsable n'empêche pas de se faire plaisir ! Si l'on ne souhaite pas trop changer ses habitudes, on peut continuer à acheter neuf, mais en essayant de privilégier des marques de mode éthique. Certaines ont tiré leur épingle du jeu et sont connues du grand public, voire ont pignon sur rue. Néanmoins, beaucoup sont encore confidentielles. Heureusement, pour s'informer et les trouver, Internet* existe.

Lorsqu'on est animé par l'envie de consommer différemment, on est bien souvent prêt à changer ses habitudes. Dans ce cas, une piste sérieuse, c'est l'achat de vêtements d'occasion, car ces vêtements n'ont pas nécessité l'utilisation de nouvelles matières premières. Il existe évidemment sur Internet nombre de sites et d'applis de vente

UPCYCLING : RIEN NE SE PERD, TOUT SE TRANSFORME !

Là où certains voient des déchets, d'autres voient une matière première. C'est le cas des marques de mode éthique qui s'engagent dans la voie de l'*upcycling*, ou *surcyclage*. Elles récupèrent des tissus destinés à la déchetterie, comme des fins de stocks de tissus, du linge de maison invendu ou des chutes de tissus, et en font la base de leurs créations. Elles peuvent aussi se servir de vieux vêtements, qui sont détournés pour produire de nouvelles pièces, par exemple, une jupe confectionnée avec de vieilles cravates ou une veste en patchwork de jeans. L'intérêt écologique est double : en utilisant des tissus existants, cette approche de la mode évite les pollutions liées à la création de tissu, et elle participe à réduire la production de déchets. Cerise sur le gâteau, les créations sont uniques : le modèle est le même, mais le résultat dépend des tissus utilisés.

et d'échange entre particuliers. Attention toutefois au mirage de la consommation en ligne : ce n'est pas parce que vous n'avez pas pris votre voiture pour faire du shopping que votre colis, lui, n'a pas parcouru des kilomètres en camion ou en camionnette. Le bilan carbone de la livraison de colis est loin d'être neutre, de même que son bilan social. Ne négligez pas les friperies, vide-greniers ou boutiques de dépôt-vente, car ils permettent d'essayer avant d'acheter et surtout de s'assurer de la qualité du vêtement.

> Le marché de vente en ligne de vêtements d'occasion a progressé de 140 % entre 2019 et 2021[3].

Or, la question de la qualité n'est pas anodine. C'est d'ailleurs un critère souvent mis en avant par les marques de mode éthique, car un vêtement de bonne qualité est un vêtement qui dure plus

3. Observatoire Natixis Payments, données anonymisées des cartes bancaires BPCE, 9 novembre 2021.

longtemps. Vous risquez d'être perplexe lors de vos premières tentatives d'évaluation de la qualité d'un vêtement, mais vous apprendrez vite à repérer les points clés, de la matière première aux finitions.

Prenez en main le vêtement et regardez-le sous toutes ses coutures (c'est le cas de dire !) :
– La matière est-elle agréable et naturelle ?
– S'il y a des motifs, sont-ils tissés ou imprimés ? Les premiers résistent mieux ; pour les seconds, cela dépend de la technique employée. Par ailleurs, les motifs sont-ils bien raccordés entre les différentes parties du vêtement ? Le détail est esthétique : le vêtement sera plus agréable à regarder.
– Le tissu est-il épais ? Si c'est le cas, le vêtement résistera mieux aux frottements.
– Assurez-vous que le vêtement ne bouloche pas déjà en magasin : ça ne pourra qu'empirer en le portant.
– Si vous tirez un peu sur le vêtement, garde-t-il sa forme ?
– Regardez de près les coutures : voyez-vous le jour à travers les points lorsque vous tirez sur le tissu ? Si oui, c'est mauvais signe : c'est une couture simple, qui risque de craquer. Y a-t-il des fils qui dépassent des coutures ? Si oui, c'est le signe d'un travail négligé, tout comme un ourlet visible.
– Vérifiez les boutons et les boutonnières. Si vous fermez le vêtement, avez-vous l'impression que les boutons sont solidement fixés au tissu ? Sont-ils bien en face des trous ? Les boutonnières sont-elles propres et à la taille des boutons ? Pour les fermetures éclair, préférez celles en métal à celles en plastique, et celles un peu larges à celles trop fines.

Les marques proposées d'occasion sont très rarement éthiques ou responsables (à l'exception notable du site ReLoved, qui ne propose que des fins de collections et de la seconde main éthique), mais la démarche l'est si vous êtes raisonnable. Si vous achetez autant de vêtements qu'avant, qui plus est des mêmes marques, simplement parce que ce sont de bonnes affaires, vous n'avez pas fondamentalement changé votre rapport aux vêtements, à la mode et à la consommation. Même si en parallèle, vous vendez beaucoup pour que vos armoires ne débordent pas.

CAROLINE : "JE FAIS DU TROC ENTRE AMIES"

"Il y a treize ans, j'ai commencé à faire du troc de vêtements entre amies.
Je suis comédienne, et je récupère régulièrement des fringues à la fin des tournages. Ça s'accumulait !
Au début, nous étions quatre ou cinq. Rapidement, j'ai réalisé que nous tournions en rond : c'étaient toujours les mêmes vêtements qui revenaient. J'ai donc décidé d'élargir le cercle. Aujourd'hui, il y a une cinquantaine de personnes dans mon réseau de troc.
Je parle de troc, mais ce n'est pas « un vêtement contre un vêtement » : on peut amener peu et repartir avec beaucoup, ou l'inverse. L'idée est que personne ne soit lésé. Si deux filles sont intéressées par le même vêtement, priorité à celle qui en a moins. Et si une participante me dit qu'elle n'a pas grand-chose à troquer, ce n'est pas grave : d'autres en ont beaucoup à échanger. En fait, il y a toujours trop de vêtements ! Ça fait très plaisir de savoir qu'un vêtement qu'on aime va être porté par une personne qu'on aime. Régulièrement, on voit réapparaître un vêtement que l'on connaît. C'est normal : on s'en lasse. Il arrive qu'une ancienne propriétaire soit ravie de le retrouver et reparte avec !
Les après-midi troc sont un moment très convivial, joyeux, très doux aussi : on se conseille, on s'encourage. Il y a une sororité bienveillante entre nous. D'ailleurs, on essaie les vêtements les unes devant les autres, même si les plus réservées peuvent se changer dans la chambre.
Cela fait plus de dix ans que je n'ai pas acheté un vêtement neuf. Ça ne veut pas dire que rien ne m'attire, simplement, on se déshabitue. Quand je rentre dans un magasin aujourd'hui, je trouve qu'il y a quelque chose de faux. Ça ne m'empêche pas d'être bien habillée ni d'avoir fait évoluer ma garde-robe : elle était noire, elle est devenue très colorée. Troquer, ça permet d'oser : on peut se tromper, c'est gratuit. Au pire, on rapportera le vêtement au prochain troc."

TENIR BON

Mis à part si l'on vit seul, au fond des bois et sans connexion Internet, difficile de ne pas être soumis au bombardement incessant d'images et de messages qui incitent à consommer. Les vêtements et la mode sont partout, les tentations nombreuses... Or, on l'a vu, en matière de vêtements, l'urgence numéro 1, c'est de moins consommer. Par ailleurs, dans de nombreuses situations, notre bonne volonté se heurte à la réalité. Alors, comment faire pour ne pas replonger ?

Faire du shopping est pour beaucoup une activité à part entière, comme aller au cinéma ou faire du sport. Acheter un T-shirt, un pull ou un pantalon coûte parfois moins cher qu'une sortie au restaurant. Alors, pourquoi s'en priver ? Quand bien même nous ne sortons pas de chez nous dans l'optique d'entrer dans une boutique de vêtements, rares sont les itinéraires qui ne nous font pas passer devant, surtout en centre-ville. Il n'y a pas besoin de vouloir acheter des vêtements pour être confronté à leur existence.

La pression publicitaire est une notion de marketing qui désigne le nombre de messages publicitaires auxquels une personne est confrontée chaque jour. Selon les approches, elle inclut uniquement les publicités en bonne et due forme ou les publicités et toutes les mentions de marques possibles, y compris la vision du logo d'une marque sur le sweat de la personne assise en face de vous dans le métro. Les définitions étant très variables, les chercheurs parlent de plusieurs centaines à plusieurs dizaines de milliers de messages publicitaires reçus chaque jour par un individu.

Dès l'âge de 2-3 ans, un enfant est capable de reconnaître un logo de marque[1].

1. Interview du chercheur Julien Intartaglia, de l'université Aix-Marseille, *20 minutes*, 24 février 2015.

LE (VRAI) COÛT D'UN T-SHIRT

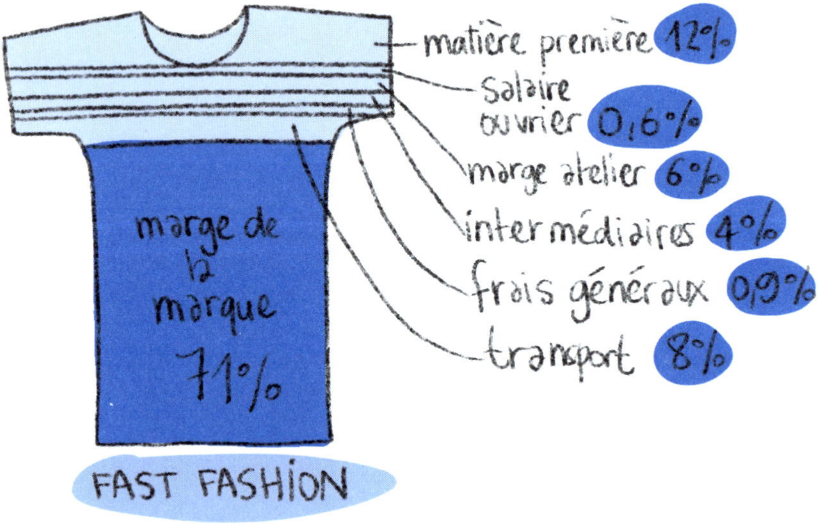

Passer à travers les mailles du filet n'est pas évident. Et il ne s'agit pas que de ça. Nous croyons trouver dans le shopping une échappatoire ou un réconfort face à notre quotidien compliqué ou ennuyeux. Un jour où l'on a un petit coup de mou, hop, un joli haut ou une nouvelle paire de chaussures, et nous voilà de nouveau prêt à conquérir le monde. Tant pis s'ils finissent au fond du placard...

Parmi les pistes à explorer pour ne pas céder aux achats impulsifs, une solution facile consiste à tout payer en espèces. Selon une étude de l'université de Toronto[2], nous donnons davantage de sens aux dépenses que nous faisons en liquide. Nous serions à la fois plus attentifs à l'utilisation de notre argent et accorderions plus d'importance à l'achat effectué, en lui donnant plus de valeur. Par ailleurs, il existerait une "douleur de payer[3]" : même lorsque nous avons l'impression de faire une bonne affaire, nous séparer de notre argent nous coûte. Sauf lorsqu'on ne le voit pas partir, par exemple en utilisant une carte bleue...

Une autre façon de se limiter consiste à fixer un montant maximum de dépenses pour une virée shopping, ce qui oblige à réfléchir avant d'acheter pour ne pas la franchir ou à avoir conscience qu'on l'a dépassée et à se demander pourquoi. Il est aussi important d'essayer les vêtements lorsqu'on est en boutique. De nombreuses marques de *fast fashion* proposent d'acheter sans essayer pour le faire tranquillement chez soi et rapporter ensuite ce qui ne nous va pas. Mais ces marques savent bien que nous sommes feignants. Il y a de fortes chances que nous ne retournions jamais en magasin rendre les vêtements qui ne nous vont pas... Méfiez-vous également des promotions et des soldes, qui jouent sur le sentiment d'urgence : "Ce prix bas ne va pas durer et quelqu'un pourrait en profiter à votre place." Acheter un vêtement moins cher que son prix de départ peut sembler être une bonne affaire, mais si vous ne le portez jamais, ce n'est pas le cas...

2. Avni M. Shah, Noah Eisenkraft, James R. Bettman, Tanya L. Chartrand, "« Paper or plastic? »: How we pay influences post-transaction connection", *Journal of Consumer Research*, novembre 2015.
3. Brian Knutson, Scott Rick, G. Elliott Wimmer, Drazen Prelec et George Loewenstein, "Neural predictors of purchases", *Neuron*, n° 53(1), janvier 2007.

On colle à la mode éthique l'étiquette "cher". Le problème, c'est qu'après trente ans de *fast fashion* et un siècle de soldes bisannuelles, nous avons totalement perdu de vue la vraie valeur d'un vêtement. Une génération entière n'a connu que la mode bon marché. Aujourd'hui, on achète plus de vêtements qu'avant, mais le budget que nous y consacrons a diminué ! Dès lors, 25 euros pour un T-shirt paraît énorme lorsqu'on sait qu'on peut en trouver pour moins de 5 euros. Mais quand on sait comment et à qui va cet argent, cela prend un autre sens.

Un achat de *slow fashion* est (normalement) l'aboutissement d'une réflexion et d'un changement de mode de consommation. C'est donc un achat raisonné, qui s'effectue en pensant à long terme et à l'impact positif qu'il peut avoir en termes sociaux et environnementaux. Il reste néanmoins inaccessible à de nombreuses bourses, ce qui est dommage, car cela donne l'image d'une mode à deux vitesses.

LA MÉTHODE BISOU

Dans leur livre *L'abus de consommation responsable rend heureux !* (Eyrolles, 2020), Herveline Giraudeau et Marie Duboin développent la méthode BISOU, un outil simple et radical pour limiter les achats impulsifs. Elle consiste en cinq petites questions à se poser avant de dégainer sa carte bleue, et fonctionne pour tout type d'achat, y compris les vêtements.

B comme besoin : Quel besoin psychologique ce vêtement comble-t-il ? N'y aurait-il pas un autre moyen de me réconforter, de gagner en confiance en moi qu'en l'achetant ?

I comme immédiat : Puis-je attendre quelques jours avant de l'acheter ? (C'est la meilleure façon d'éviter l'achat impulsif, attisé par les promos et les soldes. Dans la majorité des cas, on a oublié le vêtement avant même de rentrer chez soi...)

S comme semblable : Y a-t-il quelque chose de similaire dans ma penderie que je pourrais porter à une même fin ?

O comme origine : Quelle est l'origine du produit ? De quelle manière a-t-il été fabriqué (conditions de travail des ouvriers, matières utilisées, lieu de production...) ? C'est le moment de passer le vêtement au filtre de l'éthique et de la consommation responsable.

U comme utile : Ce vêtement me sera-t-il vraiment utile ? Vais-je le porter régulièrement ?

Pour la fabrication
de 1000 jeans, je vous
paie 10 centimes.
12,99 €

E., MAMAN DE DIANE : "J'AI CHOISI D'HABILLER MA FILLE AVEC DES VÊTEMENTS D'OCCASION"

"Lorsque nous avons vu tout ce dont nous avions besoin pour accueillir notre premier enfant, nous avons réfléchi à ce que l'on pouvait trouver d'occasion. Pendant ma grossesse, j'avais acheté quelques vêtements d'occasion pour moi, et l'expérience avait été positive. En parallèle, des amies ont commencé à me proposer des vêtements pour bébé. Choisir de la seconde main pour habiller notre fille s'est donc fait assez naturellement. Ma motivation est aussi écologique que financière : c'est absurde de tout acheter neuf alors qu'il faudra tout changer dans trois ou six mois, parfois même avant. Consommer ainsi n'a pas de sens.
Je passe beaucoup par Vinted. Il vaut mieux savoir exactement ce que l'on cherche avant de se lancer, car il y a énormément de choix. C'est très chronophage, d'autant plus que j'essaie de trouver des tenues assorties et que je fais très attention à la qualité et à la taille. Parfois, je passe en boutique pour me familiariser avec une marque avant de chercher sur Vinted. Bien sûr, il m'arrive d'avoir des ratés, je dirais entre 10 et 20 % de ce que j'achète. C'est frustrant, mais ça fait partie du jeu. Et j'ai aussi de très bonnes surprises !
Il m'arrive d'aller dans une belle friperie près de chez moi. C'est un peu plus cher, mais très pratique quand j'ai besoin d'un vêtement en urgence, par exemple s'il se met à faire très froid d'un coup. Ça arrive, car j'évite d'avoir trop de vêtements d'avance : je ne sais pas comment ma fille va grandir.
Pour l'instant, les vêtements trop petits s'accumulent dans le grenier. Je revends peu, car nous aimerions avoir un second enfant. Si c'est un garçon, il faudra que je fasse un grand tri : même les vêtements pour bébés sont très genrés, c'est agaçant.
Mes beaux-parents nous ont demandé s'ils pouvaient nous offrir des vêtements et jouets d'occasion, nous avons dit oui. Je crois qu'ils aiment bien chercher la perle rare pour leur petite-fille, et ils lui ont fait de très beaux cadeaux. C'est un autre intérêt de l'occasion : on peut acheter des marques que l'on ne regarderait pas autrement."

Pour certains, une solution pourra être de mettre spécifiquement de l'argent de côté pour cet achat, petit à petit. Cela nécessite d'anticiper, mais participe à changer sur le fond sa manière de consommer, en privilégiant la qualité à la quantité. Êtes-vous prêt à payer plus maintenant pour dépenser moins sur le long terme ? Imaginons que vous payiez un pull de *fast fashion* 50 euros, que vous le portez dix fois en un hiver, mais qu'ensuite, il soit si bouloché et déformé que vous vous en débarrassiez. Il aura eu un "coût par utilisation" de 5 euros. Imaginons maintenant que vous achetiez un pull *slow fashion* à 100 euros, que vous le portiez dix fois, et que vous puissiez le garder dix ans en le portant tout aussi régulièrement. Finalement, il aura un "coût par utilisation" de 1 euro !

Jusqu'à présent, nous avons parlé des consommateurs adultes, qui choisissent seuls leurs vêtements. Mais qu'en est-il des enfants ? Eux aussi, il faut les habiller ! Plus ils sont petits, plus ils changent régulièrement de vêtements : la première année, un bébé change de taille tous les deux à trois mois. Puis, plus ils grandissent, plus il faut des tenues à toute épreuve. Pas facile de trouver l'équilibre entre l'envie de consommer responsable et la réalité du porte-monnaie.

De nombreuses femmes se tournent déjà vers le troc, le prêt ou le don de vêtements entre sœurs, cousines et copines ou vers la seconde main pour s'habiller pendant leur grossesse. Il n'est pas nécessaire de refaire toute sa garde-robe pour neuf mois ! Lorsque le bébé est là, c'est la même histoire : il y a toujours dans l'entourage des personnes prêtes à donner les vêtements de leurs propres enfants qui ne leur servent plus, et on trouve facilement des vêtements d'occasion.

**Au premier trimestre 2019,
les Français ont dépensé plus de 781 millions d'euros
pour habiller leurs enfants âgés de 2 à 14 ans[4].**

4. Sarah Ahssen, "Mode enfant : les Français ont dépensé 781 millions d'euros au premier trimestre 2019", fr.fashionnetwork.com, 27 mai 2019.

Pour les plus grands, cela peut se compliquer : les enfants ont une certaine tendance à déchirer, trouer et tacher leurs vêtements… Si l'on peut rattraper certaines situations pour que le vêtement tienne jusqu'à la fin de la saison, il est plus délicat de le donner ou de le revendre. Néanmoins, le marché de l'occasion est dynamique. Pensez aux vide-greniers et aux bourses aux vêtements : même si vous ne pourrez pas le faire essayer à votre enfant, vous pourrez juger de la qualité et de l'état du vêtement plus précisément qu'en ligne.

Pour acheter neuf et responsable, il existe bien sûr des marques de mode éthique pour enfants. Elles s'inscrivent dans la même démarche que les marques pour adultes, mais malgré tout ce que l'on a pu dire sur la *fast fashion*, il n'est pas évident de se décider à investir dans un vêtement qui a des chances d'être abîmé dès la première utilisation ou de ne plus aller au bout de deux mois. L'équation est délicate. Néanmoins, tout comme pour les adultes, on peut éviter de multiplier les achats et réfléchir à des tenues qui peuvent servir en différentes occasions.

Les enfants commencent à s'intéresser très tôt à leurs vêtements. Dès 3 ans, ils sont capables de dire “non” en voyant un pull qui les gratte ou un pantalon qui n'est pas pratique. S'habiller est un sujet de conversation comme un autre : les enfants sont curieux de tout ce qui les entoure et les concerne. Avec des mots simples et des images qui leur parlent, vous pouvez leur expliquer la provenance de leurs vêtements et pourquoi il est important d'y faire attention. Tout comme vous pouvez leur expliquer les raisons pour lesquelles vous ne leur achèterez pas ce T-shirt à licorne pailletée ou à fusée phosphorescente qui fait fureur dans la cour de récréation. Une chose est sûre : en tant que parent, il faut être patient et souple pour trouver des compromis entre vos principes et la réalité, tout en transmettant les valeurs qui comptent pour vous.

Avec des adolescents, vous pouvez parler plus directement des enjeux sociaux, environnementaux et économiques liés à la consommation de vêtements. Regarder ensemble des documentaires* est une façon de lancer la discussion. Par ailleurs, *via* les réseaux sociaux, ils peuvent s'informer par eux-mêmes, et sont parfois très au courant. Demandez-leur s'ils ont des comptes à vous recommander ! Une autre manière de les sensibiliser consiste à entrer dans le vif du sujet : apprenez-leur à gérer leur argent de poche, non seulement en les incitant à faire leurs comptes mais aussi en les invitant à se poser la question : "Pour quoi ai-je envie de dépenser mon argent ?" Cet argent de poche, il a fallu le gagner, il a de la valeur : et s'ils le dépensaient pour acheter un vêtement qui a du sens ?

ET APRÈS

"La mode est une forme de laideur si intolérable qu'il faut en changer tous les six mois", disait Oscar Wilde, qui n'a pas connu l'époque de la *fast fashion*. Qu'en aurait-il pensé ? Mystère... Reste qu'aujourd'hui, encore plus qu'hier, il paraît vain de vouloir courir après la mode. On aura par définition toujours un temps de retard. Et si l'on cherchait plutôt à prendre soin de ses vêtements, pour allonger leur durée de vie ?

Allez hop, à la machine ! Invention géniale du début du XXe siècle, le lave-linge a libéré les femmes des heures de lessive. Il est devenu incontournable, au point que plus de 96,3 % des ménages français en possèdent un[1]. C'est le premier équipement électroménager, avant même la télévision (qui est quand même présente dans 95,4 % des foyers français). Mais n'y serions-nous pas devenus un peu trop accros ? 22 % des Français font des machines tous les jours[2] !

Pourtant, la plupart des vêtements n'ont pas besoin d'être lavés s'ils n'ont été portés qu'une fois. Il est possible de les rafraîchir en les laissant simplement dehors sur un cintre pendant quelques heures ou une nuit, d'enlever les mauvaises odeurs en les mettant au congélateur et de les défroisser en les mettant près d'une source de vapeur (par exemple, prenez votre douche en mettant les vêtements sur un cintre proche de la douche, mais sans qu'ils soient au contact de l'eau). Ces petits gestes permettent de diminuer le nombre de lessives par semaine.

Moins de lessives, c'est moins de consommation d'eau et surtout moins de microfibres rejetées dans l'océan. La durée d'un cycle de lavage et la température de l'eau sont aussi des leviers importants pour limiter la pollution[3] : un cycle court à basse température rejette moins de microfibres qu'un cycle long à haute température.

1. Insee, "Tableaux de l'économie française", 27 février 2020.
2. TNS Sofres, "Étude Usage lavage domestique", juillet 2015.
3. Nell J. Lant, Adam S. Hayward, Madusha M. D. Peththawadu, Kelly J. Sheridan et John R. Dean, "Microfiber release from real soiled consumer laundry and the impact of fabric care products and washing conditions", *Plos One*, juin 2020.

En outre, il abîme moins les vêtements, car plus l'eau est chaude, plus les couleurs passent vite et plus les fibres textiles sont fragilisées. En les lavant moins souvent et plus froid, on allonge donc la durée de vie des vêtements, qui, lors de leur quarante-huitième passage en machine, libéreront moins de microfibres que des vêtements neufs.

Faire une machine de 6 kilos de vêtements en acrylique, c'est produire plus de 700 000 microfibres[4].

Un autre facteur à prendre en compte pour alléger le bilan écologique du lave-linge est évidemment le type et la quantité de lessive utilisée. Ne compensez surtout pas un cycle plus court par plus de lessive ! Tensioactifs d'origine synthétique, agents de blanchiment, conservateurs, parfums, colorants… tout n'est pas propre dans une lessive. Certains ingrédients sont mêmes reconnus comme allergènes ou perturbateurs endocriniens, quand d'autres sont non biodégradables, alors même qu'une partie des molécules se retrouvent dans les eaux usées. Comme il n'y a pas d'obligation pour les marques d'inscrire la composition de leurs lessives sur les emballages, préférez les lessives écolabellisées, même si elles n'interdisent pas certains ingrédients contestés.

Autre solution, faites votre propre lessive maison ! Contrairement à ce qu'annoncent les marques de lessive, il n'y a pas besoin d'avoir une lessive adaptée à chaque type de vêtement… Il faut surtout une lessive qui respecte votre peau et l'environnement. Faire sa lessive soi-même est rapide, facile et permet de limiter les ingrédients utilisés. C'est aussi très économique. À noter : si vous devez laver un vêtement taché, frottez la tache avec un peu d'eau et du bicarbonate de soude ou du savon avant le passage en machine.

4. Imogen E. Napper et Richard C. Thompson, "Release of synthetic microplastic plastic fibres from domestic washing machines: Effects of fabric type and washing conditions", *Marine Pollution Bulletin*, vol. 112, novembre 2016.

LA LESSIVE MAISON DE CLAIRE

Secouer avant chaque utilisation.

<u>Le conseil de Fabienne :</u> si la lessive est trop épaisse, on peut la passer au mixeur.

L'entretien au quotidien, c'est aussi repasser son linge à la bonne température et l'entreposer correctement : ne pas le ranger s'il est encore humide, plier correctement les vêtements pour ne pas les abîmer, suspendre les hauts en utilisant des cintres larges (évitez ceux en fil de fer) et de la bonne taille pour que le tissu ne se déforme pas et les pantalons par les ourlets des jambes, utiliser des répulsifs naturels contre les insectes (lavande séchée, huile essentielle de menthe, clous de girofle par exemple)… Côté rangement, instaurez une véritable alternance dans votre garde-robe entre vos affaires d'été et celles d'hiver. Vous vous lasserez moins de vos vêtements si vous ne les avez pas tous les jours sous les yeux et, deux fois par an, vous aurez l'impression de renouveler votre dressing sans dépenser un euro.

Allonger la durée de vie de ses vêtements, c'est enfin apprendre quelques bases de couture. Savoir recoudre un bouton, raccommoder un trou, refaire un ourlet sont des gestes simples aux effets radicaux. Si vous avez envie de relever le défi, il existe de très nombreux tutoriels en ligne pour vous guider pas à pas. Qui plus est, ces petites réparations sont l'occasion de customiser un vêtement à moindres frais. À l'heure de la *fast fashion*, les vêtements se ressemblent tous. Avec un fil et une aiguille, rendez vos vêtements uniques, comme vous !

Même si vous ne souhaitez pas maîtriser l'art de la couture, vous pouvez avoir envie que vos vêtements soient reprisés pour les garder plus longtemps, ou de les ajuster pour qu'ils vous aillent mieux. Bonne nouvelle, il existe des artisans dont c'est le métier : les couturiers. Que ce soit pour repriser un vêtement, le personnaliser ou l'upcycler, rendez-vous dans une boutique de retouche ou sur Internet pour trouver un artisan près de chez vous ! Il peut sembler bizarre de payer parfois le prix d'un vêtement neuf de *fast fashion* pour en repriser un. Pourtant, c'est non seulement une manière de réduire sa consommation, mais aussi de prendre encore plus soin de ses vêtements : plus vous partagez une longue histoire avec eux, plus vous y êtes attaché.

5. Étude Open Food France et Inrae, “Le numérique, soutien à la durabilité des circuits courts ?”, 14 avril 2020, à lire sur rmt-alimentation-locale.org.

ÉGLANTINE, FONDATRICE DE JOSÉPHINEZ-VOUS ! : "JE COUDS MES VÊTEMENTS"

"J'ai toujours aimé coudre. Ma mère m'a appris quand j'étais adolescente, et par la suite, j'ai toujours eu une machine à coudre à la maison, même si elle a parfois passé de longues périodes dans le placard. Maintenant que mes enfants sont plus grands, je m'y suis mise sérieusement. Je ne fais pas de sous-vêtements ni de jeans, mais pour le reste, cela fait deux ans que je n'ai pas acheté de vêtements. Je consomme autrement, puisque j'achète du tissu. J'essaie de le choisir Œko-Tex ou GOTS, mais c'est plus cher, donc je ne prends pas que ça. Je me confectionne aussi bien des basiques que des trucs très sympas, et je fais de même pour mon mari et mon fils de 13 ans. Ma fille est moins fan, mais j'essaie de la sensibiliser aux enjeux écologiques et économiques de la mode. Mon fils est assez fier de porter les vêtements que je lui couds. Il choisit les tissus et me dit ce qu'il aimerait. Son dernier défi : un jogging. Pari tenu ! J'ai pris des cours il y a une dizaine d'années, et pour le reste, rien ne vaut la pratique... et quelques tutos sur YouTube si besoin. Ce n'est pas toujours parfait ; je me trompe, je rate, je recommence... Mais je progresse. Quand je vois les premiers T-shirts que j'ai cousus à mon mari, je me dis qu'il est vraiment très amoureux ! Désormais, ma garde-robe est bien fournie, et ça n'a pas de sens de la remplir plus. Je couds donc pour les autres : j'expose dans une boutique au Mans et on me passe des commandes. J'ai monté une autoentreprise, mais ce n'est pas mon activité principale. Je tiens à ce que la couture reste un plaisir.
Coudre ses propres vêtements procure une grande satisfaction. Cela a changé le rapport que j'ai avec eux : je leur donne beaucoup plus de valeur. On pourrait penser que comme je sais faire, je ne m'inquiète pas si je troue ou salis un vêtement. C'est tout le contraire. J'y ai réfléchi en amont et je sais le temps que ça m'a pris de le coudre, j'y tiens !"

Arrive néanmoins le jour où il faut s'en séparer, parce que vous ne rentrez plus dedans (ça arrive) ou parce qu'ils sont irrécupérables. Quelle fin de vie leur offrir ? L'impact écologique d'un vêtement continue même après qu'il a quitté votre armoire. Une mise au point s'impose : non, un vêtement ne se jette pas à la poubelle ! En faisant ainsi, on destine à la décharge, c'est-à-dire à l'enfouissement ou à l'incinération, des textiles qui représentent pour certains non pas un déchet, mais une matière première. Nos chaussures et vêtements usés ont leur place dans un système d'économie circulaire !

Dès lors, le don devrait être notre premier réflexe. Pour les vêtements en bon état, le don direct à une association, après s'être renseigné sur ce qu'elle accepte, est la meilleure solution pour être sûr que le vêtement sera mis à disposition de personnes dans le besoin. Autrement, direction un container de collecte. Il y en a dans toute la France. Ce système aide directement et indirectement les associations : elles reprennent une petite partie des vêtements pour les proposer en boutique, et revendent le reste à des entreprises qui trient les vêtements avant d'exporter les lots hors d'Europe. Ce qui n'est pas forcément une bonne nouvelle, car en inondant le marché local, les vêtements de seconde main occidentaux étouffent le développement d'une industrie locale. Autre problème pour les pays qui importent ces tonnes de vêtements usagés : la gestion des déchets textiles. Seule une partie des importations est revendue sur place. Le reste finit en décharge à l'air libre ou est enfoui. Les populations locales sont alors directement touchées par la pollution que cela induit.

L'Afrique de l'Est importe 1/8 des vêtements déjà portés dans le monde.

Heureusement, et bien qu'encore loin de faire le poids face à la solution de l'exportation, d'autres filières se développent pour valoriser ces textiles collectés, par exemple en les transformant en matériaux isolants, en objets décoratifs ou en fils recyclés[6]. Le défi est immense, car la *fast fashion* a imposé sa logique jetable jusqu'au

6. Rémi Pin, "Innovation dans le textile : Quand les vêtements redeviennent fils de coton", actu-environnement.com, 7 août 2020.

bout. Les fibres sont trop souvent de mauvaise qualité, synthétiques ou mélangées. Selon les tissus, il peut être difficile, voire impossible, d'entrer dans une logique d'économie circulaire.

Penser que l'on pourra toujours donner un vêtement quand on n'en voudra plus n'est donc pas une manière de penser très éthique, très responsable, ni même très écologique. Malgré tout, et bien que le système ne soit pas parfait, préférez toujours apporter vos vêtements, tissus et chaussures dans un point de collecte plutôt que de les jeter à la poubelle. Mais avant, demandez-vous s'il n'y a pas un moyen de les réutiliser à la maison. Et soyez créatif : qui a dit qu'il était interdit de porter des chaussettes dépareillées ?

POUR EN SAVOIR PLUS

À LIRE

Orsola de Castro, *Choisir une mode durable*, Marabout, 2021.
Elizabeth L. Cline, *Siete pazzi a indossarlo! Perché la moda a basso costo avvelena noi e il pianeta*, Piemme, 2018 (en italien).
Frédéric Godart, *Sociologie de la mode*, La Découverte, 2010.
Thomas Huriez, *Re-Made en France*, Dunod, 2019.
Alice Lehoux et Natacha Ruiz, *Guide de la mode écoresponsable*, Mango, 2020.
Mathilde Lepage, *Changeons de mode*, Eyrolles, 2021.
Audrey Millet, *Le Livre noir de la mode*, Les Pérégrines, 2021.
Charlotte Moreau, *Le Dressing Code*, Leduc, 2021.
Magali Moulinet-Govoroff, *Mode Manifeste*, La Martinière, 2020.
Majdouline Sbai, *Une mode éthique est-elle possible ?*, Rue de l'Échiquier, 2018.
Dana Thomas, *Fashionopolis*, De Boeck supérieur, 2020.
Zoé Thouron et Frédéric Godart, *La Mode déshabillée*, Casterman, 2021.

À VOIR

Apocalypse Mode, d'Olivier Nicklaus, 2020.
"Coton : l'envers de nos tee-shirts", *Cash investigation*, France 2, 2017.
Fast fashion. Les dessous de la mode à bas prix, de Gilles Bovon et Édouard Perrin, Arte, 2021.
Fin de la fast fashion, place aux habits durables, Arte, 2021.
"Mode : la face cachée des petits prix", *Tout compte fait*, France 2, 2018.
"Où finissent nos vêtements ?", *Sur le front*, France 2, 2021.
River Blue, de David McIlvride et Roger Williams, 2017.
Révolte dans la mode, de Laurent Lunetta, La Grosse Boule/Arte2018.
The True Cost, de Andrew Morgan, 2015.
Vêtements, n'en jetez plus, d'Elsa Haharfi, Éléphant Doc, 2016.

À ÉCOUTER

Nouveau Modèle, le podcast de Chloé Cohen sur la mode responsable et engagée.
Seconde, le podcast de Myrtille Bourdaud'hui sur la seconde main.

DES SITES POUR S'INFORMER (ONG, COLLECTIFS, MÉDIAS ET BLOGS DE MARQUES ENGAGÉES)

Éthique sur l'étiquette : ethique-sur-etiquette.org.
Fashion Revolution : fashionrevolution.org.
Good Gang Paris : goodgangparis.com.
Réseau éthique : reseauethique.org.
Zero Waste France : zerowastefrance.org.
The Good Goods : thegoodgoods.fr.
Le blog de Loom : la-mode-a-l-envers.loom.fr.
Le blog de SlowWeAre : sloweare.com.
Le blog de WeDressFair : wedressfair.fr.

Des associations militantes comme **Extinction Rebellion** (extinctionrebellion.fr) ou **PETA** (petafrance.com) s'intéressent de près à la mode.

Sur Instagram :
@makemyclothesgreatagain.
@reseauethique_asso.
@the_greenimalist.

POUR TROUVER UN COUTURIER PRÈS DE CHEZ VOUS

Répar'acteurs : reparacteurs.artisanat.fr (vous trouverez des artisans pour tout réparer !).
Réseau Tilli : tilli.fr.

DANS LA MÊME COLLECTION

BRASSER SA BIÈRE
Charlotte et Alexis Champoiseau, Claire Sejournet, illustrations d'Emmanuelle Teyras, 2021

CHANGER L'ÉCOLE DE L'INTÉRIEUR
Philippe Viard et Claude Fauque, illustrations d'Ivan Loncle, 2021

CHOISIR DE RALENTIR
Nelly Pons, illustrations de Pome Bernos, 2017

CHOISIR DES VACANCES SOLIDAIRES
Véronique Bury et Marie-Noëlle Himbert, illustrations de Philomène Longchamp, 2018

COMPOSER SA PHARMACIE NATURELLE MAISON
Sylvie Hampikian, illustrations de Valentina Principe, 2018

COMPRENDRE LES ENFANTS POUR MIEUX LES ÉDUQUER
Isabelle Peloux, illustrations d'Étienne Friess, 2019

CUISINER CRU ET VIVANT
Le sens du poil, 2022

CUISINER SIMPLE ET BON
Gilles Daveau et Bruno Couderc, illustrations de Fanny Coutin, 2019

DÉBUTER SON POTAGER EN PERMACULTURE
Nelly Pons, illustrations de Pome Bernos, 2017

DÉCOUVRIR LES VINS BIO ET NATURE
Olivier Le Naire, illustrations de Zoé Thouron, 2018

DÉPLASTIFIER SA VIE
Nelly Pons, illustrations de Pome Bernos, 2022

DEVENIR CONSOM'ACTEUR : LE GLUTEN
Angèle Ferreux-Maeght et Violette Queuniet, illustrations de Le Cil Vert, 2021

DEVENIR CONSOM'ACTEUR : L'HUILE DE PALME
Emmanuelle Grundmann, illustrations d'Adrienne Barman, 2018

ENGAGER SON ENTREPRISE DANS LA TRANSITION
Édouard Sellier, illustrations de Matthieu Marty, 2020

FAIRE CONNAISSANCE AVEC LES LÉGUMES
Xavier Mathias, illustrations de Cécilia Pepper, 2019

FAIRE LA FÊTE SANS DÉTRUIRE LA PLANÈTE
Emmanuelle Vibert, illustrations de Le Cil Vert, 2017

FAIRE PROGRESSER SON POTAGER EN PERMACULTURE
Xavier Mathias, illustrations de Cécilia Pepper, 2018

MANGER MOINS (ET MIEUX) DE VIANDE
Gilles Daveau, illustrations d'Étienne Friess, 2017

MÉDITER PUIS AGIR
Youki Vattier, illustrations de Lisa Zordan, 2017

METTRE DE L'ÉTHIQUE DANS SES COSMÉTIQUES
Claire Sejournet, illustrations d'Emmanuelle Teyras, 2020

MOINS D'AUTO POUR ALLER AU BOULOT
Corentin Le Martelot, illustrations de Younn Locard, 2017

MONTESSORI À LA MAISON – 0-3 ANS
Nathalie Petit, illustrations de Virginie Maillard, 2017

MONTESSORI À LA MAISON – 3-6 ANS
Nathalie Petit, illustrations de Pauline Amelin, 2019

MONTESSORI À LA MAISON – 6-9 ANS
Nathalie Petit, illustrations de Pauline Amelin, 2020

MONTESSORI À LA MAISON – 9-12 ANS
Nathalie Petit, illustrations de Pauline Amelin, 2018

MONTESSORI À LA MAISON – 12-15 ANS
Nathalie Petit, illustrations de Pauline Amelin, 2021

OSER PRENDRE LA PAROLE
Aurore Debierre, illustrations de Lauranne Quentric, 2019

PLANTER UN ARBRE
Ernst Zücher, illustrations de Caroline Attia, 2021

PROCRASTINER POUR MIEUX CRÉER
Fleur Daugey, illustrations de Marie de Monti, 2021

REDONNER DU POUVOIR À SON ARGENT
Julien Vidal, illustrations de Le Cil Vert, 2020

(RE)DEVENIR PAYSAN
Jacques Caplat, illustrations de Mélaka, 2022

RÉENCHANTER LA MORT
Youki Vattier, illustrations de Marie Bélorgey, 2018

RÉNOVER UNE VIEILLE BÂTISSE
Agnès Galletier, illustrations de Pome Bernos, 2017

RÉPARER NOS OBJETS ENSEMBLE
Aude Raux et Marie-Noëlle Himbert, illustrations de Jean-Jean Arnoux, 2017

REPENSER NOS RITUELS : LE MARIAGE
Nelly Pons, illustrations d'Évelyne Mary, 2019

S'ENGAGER DANS UNE AMAP
Françoise Vernet et Marie-Noëlle Himbert, illustrations de Cécilia Pepper, 2017

S'ÉVEILLER À LA NATURE AVEC UN ENFANT
Emmanuelle Grundmann, illustrations d'Élodie Balandras, 2022

S'UNIR POUR MIEUX SE NOURRIR
Violette Queuniet, illustrations de Le Cil Vert, 2023

TENDRE VERS LA SOBRIÉTÉ NUMÉRIQUE
Frédéric Bordage, illustrations de Marie Morelle, 2021

Ouvrage réalisé par l'atelier graphique Actes Sud.
Achevé d'imprimer en août 2022 par Printer Portuguesa (Portugal),
sur papier fabriqué à partir de fibres issues d'une sylviculture responsable,
pour le compte des éditions Actes Sud, Le Méjan, place Nina-Berberova, 13200 Arles.

Dépôt légal 1re édition : octobre 2022